L.O.L. SURPRISE!™

DESCUBRE NUESTRO MUNDO

MAGAZZINI SALANI

Publicado por primera vez por Parragon

Gruppo editoriale Mauri Spagnol, Milán

Traducción: Marcelo E. Mazzanti
Diseño gráfico: Massimo Sassi - La Fabbrica delle Idee, Milán

ISBN: 978-88-9367-548-2

Impreso en Valcom srl, Italia

SEAMOS **AMIGAS**

¡Bienvenida al mundo de L.O.L. Surprise!, donde todo el trabajo es diversión y las chicas mandan. ¿Lista para conocer a tus nuevas mejores amigas?

Hay 14 clubs superúnicos con más de 100 muñecas monas y rebeldes. Desde el Glam hasta el Glitterati, y del Theater al de Cosplay, cada club tiene su propio grupo de amigas. Conoce a la glamurosa Queen Bee, pincha discos con M.C. Swag, ponte cómoda con Cozy Babe y salta a la pista de baile con Center Stage. ¡Esto sí que son #clubs!

¡Pero espera, baby, que aún hay más! Casi todas las muñecas tienen una adorable Lil Sister con la que compartir accesorios. También encontrarás montones de mensajes secretos por todo el libro, como en las pegatinas de tus L.O.L. Surprise! Seguro que con tu gran ingenio los resolverás.

Con tantas muñecas que coleccionar, es difícil tenerlas todas controladas. Por eso, encontrarás a cada una de tus rebeldes preferidas en esta guía. ¿A que mola? ¡Pasa la página y a por ello!

¡HAZNOS UN UNBOX!

¡En esta guía divina te esperan cada una de las muñecas L.O.L. Surprise! de las series 1 y 2!

¡TE ESPERO, DARLING!

En las páginas 6 y 7 encontrarás una introducción a cada uno de los 14 clubs. Hemos agrupado las muñecas según sus clubs, comenzando por las superbrillantes Glitterati y las chicas del Glee Club hasta las más sofisticadas del 24K Club.

¿Quieres conocer a las adorables Lil Sister? Verás a cada una junto a su hermana mayor, empezando por Lil Queen Bee, en la página 9. Si no encuentras a una muñeca en concreto, consulta el índice en las páginas 123 y 124.

¡CHISSST!

¿Eres una baby superlista? ¡Prepárate para ponerte a prueba! Los mensajes secretos están hechos de dos dibujos que se unen para crear una palabra o un dicho. Encontrarás uno en cada página de las Lil Sister, junto a una pista que te ayudará. Las soluciones están en la parte superior derecha de la página.

Aquí tienes uno para empezar...

= GATO DE NIEVE.

¿YA LO FLIPAS?

Esto es lo que encontrarás...

Frase guapa

¡Estas rebeldes tienen mucho que decir!

Casillas Quiero/Tengo

Ten controlada tu colección marcando qué muñecas tienes ya y cuáles quieres conseguir.

RAREZA

Algunas muñecas son más difíciles de encontrar que otras. Aquí verás si son Populares, Selectas, Raras o Ultra raras.

Serie

Descubre si pertenece a la Serie 1, a la 2 o a la Serie Surprise.

Club

Cada muñeca pertenece a un club alucinante.

Número de personaje

Cada muñeca tiene un número único. También lo encontrarás en la lista que viene con cada L.O.L. Surprise!

Dato molón

Averígualo todo sobre la personalidad de tu muñeca preferida.

#TODASALCLUB

Cada club de L.O.L. Surprise! es único y diferente. Lee sus características aquí abajo y elige tu tribu preferida.

THE GLITTERATI

Toda purpurina es poca para estas chicas brillantes.

GLEE CLUB

¿Por qué hablar si puedes cantar? ¡Les encanta la música!

GLAM CLUB

Estas chicas son pura clase. ¿Alguien ha dicho #selfi?

THEATER CLUB

A estas drama-queens les va el teatro, aunque se guardan el drama para el escenario.

ATHLETIC CLUB

En el campo, la pista de tierra, de hierba o de hielo, estas chicas siempre aceptan un desafío.

OPPOSITES CLUB

Estas amigas del alma no podrían ser más diferentes, pero saben que eso es lo que las hace tan especiales.

COSPLAY CLUB

¡Aquí cada día es una fiesta de disfraces! La moda es vestir siempre lo que te haga feliz.

HIP HOP CLUB

Es el club de las L.O.L. Surprise! más marchosas.
Les van los ritmos más frescos y los bailes más molones.

CHILL OUT CLUB

Si hace mucho frío fuera, no hay nada
como hacerse un ovillo y relajarse en este club.

SPIRIT CLUB

¡Uno, tres, cinco, siete! ¡Con este club nadie se mete!
¡Dos, cuatro, seis, ocho! ¡Este club mola mucho! ¡Apoya a tus amigas!

DANCE CLUB

A estas rebeldes les encanta bailar cuando no las ven,
¡pero sobre todo cuando las ven! O sea, siempre.

RETRO CLUB

Para las chicas del Retro Cool, lo vintage mola más.
Su estilo se inspira en las grandes modas del pasado.

STORYBOOK CLUB

En este club tan guapo, la imaginación lo es todo.
Escúchalas: tienen mucho que contar.

24K GOLD CLUB

Para esta chica tan dulce y divina
siempre es el momento de brillar.

THE GLITTERATI

¡ESTOY A LA QUE VUELA!

TENGO

QUIERO

QUEEN BEE

CLUB: THE GLITTERATI

RAREZA: ★ RARA

SERIE: 1

NÚMERO DE PERSONAJE: 1-003

DATO MOLÓN: No es fácil ser la reina. Pero, ya sabes, si la corona encaja...

Solución: Mejores amigas.

TENGO

QUIERO

LIL QUEEN BEE

CLUB: THE GLITTERATI

RAREZA: ULTRA RARA

SERIE: 2

NÚMERO DE PERSONAJE: 2-038

DATO MOLÓN: Lil Queen Bee está destinada a ser reina de la moda, como su hermana.

Son lo mejor que puede tener una chica. ¡El club de Queen Bee está lleno de ellas!

THE GLITTERATI

TENGO

QUIERO

GLITTER QUEEN

CLUB: THE GLITTERATI

RAREZA: ⭐ RARA

SERIE: 1

NÚMERO DE PERSONAJE: 1-002

DATO MOLÓN: Para Glitter Queen, todo brillo es poco. Brillo en el pelo, brillo en la ropa, ¡brillo en todo!

Solución: Brilla más que un diamante.

TENGO

QUIERO

LIL GLITTER QUEEN

CLUB: THE GLITTERATI

RAREZA: ★ RARA

SERIE: 2

NÚMERO DE PERSONAJE: 2-037

DATO MOLÓN: Lil Glitter Queen no eligió el brillo: ¡el brillo la eligió a ella!

Consulta con tu Glitter Queen interior para resolver este brillante mensaje.

THE GLITTERATI

TENGO

QUIERO

CRYSTAL QUEEN

CLUB: THE GLITTERATI

RAREZA: ★ RARA

SERIE: 1

NÚMERO DE PERSONAJE: 1-001

DATO MOLÓN: Nunca verás a Crystal Queen sin su tiara. ¡Un diamante es para siempre!

Solución: Las joyas son tus mejores amigas.

TENGO

QUIERO

LIL CRYSTAL QUEEN

CLUB: THE GLITTERATI

RAREZA: ⭐ RARA

SERIE: 2

NÚMERO DE PERSONAJE: 2-039

DATO MOLÓN: Lil Crystal Queen heredó su amor por todo lo brillante de su hermana mayor.

Este mensaje secreto es claro como el cristal ¡pero mucho más brillante!

THE GLITTERATI

TENGO

QUIERO

KITTY QUEEN

CLUB: THE GLITTERATI

RAREZA: ⭐ RARA

SERIE: 2

NÚMERO DE PERSONAJE: 2-002

DATO MOLÓN: ¡La moda felina tiene siete vidas! El estilo de Kitty Queen hace que siempre caiga de pie.

Solución: Fresca como una gatita.

TENGO

QUIERO

LIL KITTY QUEEN

CLUB: THE GLITTERATI

RAREZA: ★ RARA

SERIE: 2

NÚMERO DE PERSONAJE: 2-041

DATO MOLÓN: Como su hermana, esta gatita tiene garras... ¡pero pintadas con purpurina!

Este mensaje describe a Kitty Queen a la perfección.

THE GLITTERATI

TENGO

QUIERO

SPLASH QUEEN

CLUB: THE GLITTERATI

RAREZA: ♥ ULTRA RARA

SERIE: 2

NÚMERO DE PERSONAJE: 2-001

DATO MOLÓN: ¿Quién dice que la moda de playa no es sofisticada? Splash Queen lleva el brillo a la arena y a la piscina.

Solución: Moda avanzada.

TENGO

QUIERO

LIL SPLASH QUEEN

CLUB: THE GLITTERATI

RAREZA: ❤ ULTRA RARA

SERIE: 2

NÚMERO DE PERSONAJE: 2-042

DATO MOLÓN: Lil Splash Queen es toda una nena en la arena. ¡Siempre #alagua!

Si la ropa más nueva es tu pasión, te va la...

THE GLITTERATI

PASIÓN POR LA CANCIÓN

TENGO

QUIERO

THE QUEEN

CLUB: THE GLITTERATI

RAREZA: ⭐ RARA

SERIE: 2

NÚMERO DE PERSONAJE: 2-004

DATO MOLÓN: The Queen es toda una roquera, siempre lista para la pasarela con sus divinos modelitos.

Solución: Deslumbrante como el hielo.

TENGO

QUIERO

LIL QUEEN

CLUB: THE GLITTERATI

RAREZA: ⭐ RARA

SERIE: 2

NÚMERO DE PERSONAJE: 2-040

DATO MOLÓN: Rock clásico y estilo clásico: Lil Queen y su hermana mayor son las reinas del cool.

En la montaña, ¡cuidado con la nieve! Puede ser…

THE GLITTERATI

¡MÁS FIESTA, MENOS SIESTA!

TENGO

QUIERO

PURPLE QUEEN

CLUB: THE GLITTERATI

RAREZA: ULTRA RARA

SERIE: Surprise

NÚMERO DE PERSONAJE: S-001

DATO MOLÓN: ¿Te gustan las fiestas? ¡A Purple Queen le encantan! Para ella, cada día es un motivo de celebración.

Solución:
Disfrutar como un animal.

ME MOLA LA GENTE QUE MOLA.

TENGO

QUIERO

LIL PURPLE QUEEN

CLUB: THE GLITTERATI

RAREZA: ♥ ULTRA RARA

SERIE: Surprise

NÚMERO DE PERSONAJE: S-003

DATO MOLÓN: Lil Purple Queen ha nacido para las celebraciones. ¡Para la fiesta, siempre dispuesta!

Es lo que haces cuando te lo pasas muy bien... como en una fiesta.

THE GLITTERATI

¡PLANETA TIERRA LLAMANDO A AMIGAS!

TENGO

QUIERO

STARDUST QUEEN

CLUB: THE GLITTERATI

RAREZA: ♥ ULTRA RARA

SERIE: Surprise

NÚMERO DE PERSONAJE: S-002

DATO MOLÓN: ¡El brillo de esta reina le viene directo de las estrellas! Con sus ojos de colores diferentes, Stardust Queen es tan única como fabulosa.

Solución: Brillante estrella.

¡SOY PEQUEÑA, PERO TENGO GRANDES PODERES!

TENGO

QUIERO

LIL STARDUST QUEEN

CLUB: THE GLITTERATI

RAREZA: ♥ ULTRA RARA

SERIE: Surprise

NÚMERO DE PERSONAJE: S-004

DATO MOLÓN: Lil Stardust Queen seguiría a su brillante hermana mayor hasta la Luna y más allá.

Lo dices de una estrella con mucha luz... ¡o de una triunfadora!

THE GLITTERATI

¿DE QUÉ SIGNO ERES?

TENGO

QUIERO

COSMIC QUEEN

CLUB: THE GLITTERATI

RAREZA: ★ RARA

SERIE: 1

NÚMERO DE PERSONAJE: 1-004

DATO MOLÓN: La brillante Cosmic Queen es una chica galáctica. Sabe que puedes conseguir lo que quieras si apuntas a las estrellas.

¡TENGO TABLAS!

TENGO

QUIERO

SUGAR QUEEN

CLUB: THE GLITTERATI

RAREZA: ⭐ RARA

SERIE: 2

NÚMERO DE PERSONAJE: 2-003

DATO MOLÓN: Esta chiquita divina brilla como nunca sobre un escenario y bajo los focos.

GLEE CLUB

TENGO

QUIERO

ROCKER

CLUB: GLEE CLUB

RAREZA: POPULAR

SERIE: 1

NÚMERO DE PERSONAJE: 1-011

DATO MOLÓN: Rocker vive para la música. Prefiere un micro y una guitarra a un chupete y un biberón.

Solución: Vídeo musical.

TENGO

QUIERO

LIL ROCKER

CLUB: GLEE CLUB

RAREZA: POPULAR

SERIE: 2

NÚMERO DE PERSONAJE: 2-049

DATO MOLÓN: ¿Para qué hablar si puedes cantar? ¡Esta Lil Sister es una futura estrella del rock!

¿Qué es lo que más les gusta ver a las hermanas?

GLEE CLUB

TENGO

QUIERO

M.C. SWAG

CLUB: GLEE CLUB

RAREZA: POPULAR

SERIE: 1

NÚMERO DE PERSONAJE: 1-013

DATO MOLÓN: Cuando M.C. Swag se lanza, ya no para. Dice que la mejor forma de expresarse es con un micro en la mano y nuevos ritmos.

Solución: Micro OK.

TENGO

QUIERO

LIL M.C. SWAG

CLUB: GLEE CLUB

RAREZA: ULTRA RARA

SERIE: 1

NÚMERO DE PERSONAJE: 1-014

DATO MOLÓN: ¡Lil M.C. Swag está aquí! Es, sin duda, la mejor de la futura generación de raperas.

¡Antes de un concierto hay que comprobar que todo funcione!

GLEE CLUB

¡NACÍ ASÍ!

TENGO

QUIERO

DIVA

CLUB: GLEE CLUB

RAREZA: SELECTA

SERIE: 1

NÚMERO DE PERSONAJE: 1-012

DATO MOLÓN: Lo que más le gusta a Diva es estar sobre el escenario con sus amigas del club. Nunca canta mejor que cuando recuerda ser ella misma.

Solución: Futura estrella.

TENGO

QUIERO

LIL DIVA

CLUB: GLEE CLUB

RAREZA: SELECTA

SERIE: 2

NÚMERO DE PERSONAJE: 2-050

DATO MOLÓN: Ser amable y adorable es el rasgo distintivo de Lil Diva, que se quiere a sí misma, ¡porque es única y especial!

Cada gran diva lo ha sido, al principio de su brillante carrera.

GLAM CLUB

ENVUELTA PARA REGALO

TENGO

QUIERO

MISS BABY

CLUB: GLAM CLUB

RAREZA: POPULAR

SERIE: 1

NÚMERO DE PERSONAJE: 1-028

DATO MOLÓN: ¡Miss Baby va a debutar como reina de la belleza! No le va a costar: le sobran encanto y gracia.

Solución: Llama y trae los regalos.

TENGO

QUIERO

LIL MISS BABY

CLUB: GLAM CLUB

RAREZA: POPULAR

SERIE: 2

NÚMERO DE PERSONAJE: 2-060

DATO MOLÓN: A Lil Miss Baby siempre la encontrarás probándose la tiara y la banda de su hermana. #sorrynotsorry

Igual que «avisa por teléfono y ven con lo que le hemos comprado».

GLAM CLUB

¡ENCANTADA DE CONOCERME!

TENGO

QUIERO

IT BABY

CLUB: GLAM CLUB

RAREZA: ✦SELECTA

SERIE: **2**

NÚMERO DE PERSONAJE: 2-014

DATO MOLÓN: It Baby es toda clase, baby, y no se conforma con nada que no sea divino. Con su elegancia natural solo le sirve lo mejor de lo mejor.

Solución: Moda al aire.

TENGO

QUIERO

LIL IT BABY

CLUB: GLAM CLUB

RAREZA: POPULAR

SERIE: 2

NÚMERO DE PERSONAJE: 2-062

DATO MOLÓN: Para Lil It Baby, una Lil Sister ha de tener dos cosas: gracia y mucha clase.

Cuando It Baby y su hermanita salen a la calle con sus últimos modelitos.

GLAM CLUB

51 % PUNK,
49 % PRINCESA

TENGO

QUIERO

MISS PUNK

CLUB: GLAM CLUB

RAREZA: SELECTA

SERIE: 2

NÚMERO DE PERSONAJE: 2-015

DATO MOLÓN: ¡No todas las princesas llevan zapatitos de cristal! Miss Punk sabe que puede ser toda una roquera y seguir siendo princesa.

Solución: Reina de la moda.

TENGO

QUIERO

LIL MISS PUNK

CLUB: GLAM CLUB

RAREZA: SELECTA

SERIE: 2

NÚMERO DE PERSONAJE: 2-061

DATO MOLÓN: Esta pequeña rebelde es toda una futura princesa punk. ¡Nacida para destacar!

El título de Miss Punk

GLAM CLUB

JOVEN Y ESTUPENDA

TENGO

QUIERO

DOLLFACE

CLUB: GLAM CLUB

RAREZA: POPULAR

SERIE: 2

NÚMERO DE PERSONAJE: 2-016

DATO MOLÓN: Dollface lo tiene clarísimo, baby: le encanta el look de leopardo, ¡pero de piel sintética, nunca de verdad!

Solución: Mascota amorosa.

TENGO

QUIERO

LIL DOLLFACE

CLUB: GLAM CLUB

RAREZA: POPULAR

SERIE: 2

NÚMERO DE PERSONAJE: 2-063

DATO MOLÓN: Para ir siempre divina, Lil Dollface le pide prestados sus accesorios a Dollface.

¡A todas nos encanta tener una que nos quiera!

GLAM CLUB

CHICA CHIC

TENGO

QUIERO

ROYAL HIGH-NEY

CLUB: GLAM CLUB

RAREZA: POPULAR

SERIE: 1

NÚMERO DE PERSONAJE: 1-026

DATO MOLÓN: Royal High-Ney no solo exige tener lo mejor de lo mejor, ¡también quiere que se lo traigan! ¿Ir a buscarse su biberón? ¡Qué cutre!

SIEMPRE LISTA PARA UN SELFI

TENGO

QUIERO

LEADING BABY

CLUB: GLAM CLUB

RAREZA: SELECTA

SERIE: 1

NÚMERO DE PERSONAJE: 1-027

DATO MOLÓN: ¡Leading Baby es una diva del selfi! Solo tienes que darle una cámara y una amiga con quien posar, y ¡pura magia! #sinfiltro

THEATER CLUB

MEJOR NADAR QUE NADA

TENGO

QUIERO

MERBABY

CLUB: THEATER CLUB

RAREZA: POPULAR

SERIE: 1

NÚMERO DE PERSONAJE: 1-015

DATO MOLÓN: Merbaby vive como una sirena en el escenario y fuera. Cuando no actúa con sus amigas del Theater Club, siempre está en la playa.

Solución: ¡Eres la bomba, Concha!

TENGO

QUIERO

LIL MERBABY

CLUB: THEATER CLUB

RAREZA: POPULAR

SERIE: 2

NÚMERO DE PERSONAJE: 2-055

DATO MOLÓN: Como a su hermana mayor, a Lil Merbaby le encanta «sumergirse» en sus personajes ¡y en la vida de playa!

Esto es lo que le dice Merbaby a su amiga más divertida, Concha.

THEATER CLUB

¡MIAU-TÁSTICA!

TENGO

QUIERO

BABY CAT

CLUB: THEATER CLUB

RAREZA: POPULAR

SERIE: 1

NÚMERO DE PERSONAJE: 1-016

DATO MOLÓN: En el escenario, Baby Cat tiene una presencia felina. El teatro es su vida, ¡pero nada de dramas!

Solución: Drama Queen.

TENGO

QUIERO

LIL BABY CAT

CLUB: THEATER CLUB

RAREZA: POPULAR

SERIE: 2

NÚMERO DE PERSONAJE: 2-056

DATO MOLÓN: Lil Baby Cat quiere seguir las huellas (felinas) de su hermana en el teatro.

Encontrarás muchas sobre el escenario.
¡El Theater Club está lleno de ellas!

THEATER CLUB

TENGO

QUIERO

GENIE

CLUB: THEATER CLUB

RAREZA: ✦SELECTA

SERIE: 2

NÚMERO DE PERSONAJE: 2-008

DATO MOLÓN: Para Genie, compartir el escenario con sus amigas del Theater Club es un sueño hecho realidad.

Solución: Cuando sube el telón, apaga el móvil.

TENGO

QUIERO

LIL GENIE

CLUB: THEATER CLUB

RAREZA: SELECTA

SERIE: 2

NÚMERO DE PERSONAJE: 2-057

DATO MOLÓN: Lil Genie sabe que si quieres ser una estrella hay que dejar de soñar y empezar a hacer.

Esta es una de las reglas más importantes para no molestar cuando vas al teatro.

THEATER CLUB

TENGO

QUIERO

PRANKSTA

CLUB: THEATER CLUB

RAREZA: POPULAR

SERIE: 2

NÚMERO DE PERSONAJE: 2-009

DATO MOLÓN: Pranksta es una comediante y le encanta hacer reír a los demás. Con sus amigas, ella siempre pone los LOL.

TENGO

QUIERO

COCONUT Q.T.

CLUB: THEATER CLUB

RAREZA: POPULAR

SERIE: 2

NÚMERO DE PERSONAJE: 2-010

DATO MOLÓN: A esta Q.T. le encantan los collares de flores, pero más el subirse a un escenario.

THEATER CLUB

TENGO

QUIERO

SUPER B.B.

CLUB: THEATER CLUB

RAREZA: SELECTA

SERIE: 1

NÚMERO DE PERSONAJE: 1-017

DATO MOLÓN: ¿Es un pájaro? ¿Es un avión? ¡No… es Super B.B.! ¡No hace falta esperar a hacerte mayor para ser una superheroína!

ATHLETIC CLUB

¡JUEGO, SET Y MATCH!

sí

TENGO

QUIERO

COURT CHAMP

CLUB: ATHLETIC CLUB

RAREZA: POPULAR

SERIE: 2

NÚMERO DE PERSONAJE: 2-013

DATO MOLÓN: Esta estrella del tenis es tan mona y rebelde en la pista como fuera. ¡Con Court Champ, la bola siempre entra!

ATHLETIC CLUB

¡HOLA, OLAS!

TENGO

QUIERO

SURFER BABE

CLUB: ATHLETIC CLUB

RAREZA: POPULAR

SERIE: 1

NÚMERO DE PERSONAJE: 1-018

DATO MOLÓN: El lugar preferido de Surfer Babe es «sobre las olas». Su mejor accesorio es su tabla, y su única moda el bañador.

Solución: ¡Ostras, mis amigas!

TENGO

QUIERO

LIL SURFER BABE

CLUB: ATHLETIC CLUB

RAREZA: POPULAR

SERIE: 2

NÚMERO DE PERSONAJE: 2-052

DATO MOLÓN: ¡Lil Surfer Babe no puede esperar a tener su propia tabla!

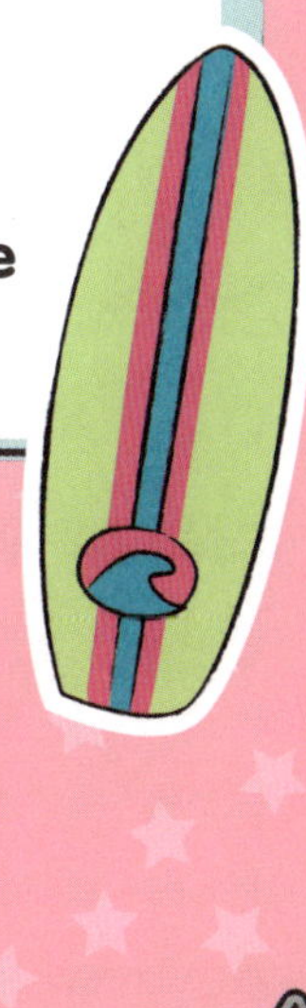

Lo dice Surfer Babe al acordarse de que la esperan sus compis.

ATHLETIC CLUB

¡REBOTA, REBOTA Y ANOTA!

TENGO

QUIERO

HOOPS M.V.P.

CLUB: ATHLETIC CLUB

RAREZA: POPULAR

SERIE: 1

NÚMERO DE PERSONAJE: 1-019

DATO MOLÓN: ¡Hoops M.V.P. es una estrella del básquet! Le gusta tanto que en la siesta siempre sueña que encesta sin parar.

Solución: ¡Llama, Diana!

¡GANAR SIN PARAR!

TENGO

QUIERO

LIL HOOPS M.V.P.

CLUB: ATHLETIC CLUB

RAREZA: POPULAR

SERIE: 2

NÚMERO DE PERSONAJE: 2-051

DATO MOLÓN: Lil Hoops va a seguir los pasos (¡y los saltos!) de su hermana mayor. ¡No puede esperar!

Lo que piensa Hoops M.V.P. mientras espera una llamada de su amiga Diana.

ATHLETIC CLUB

¡NO CAMINES SIN PATINES!

TENGO

QUIERO

ROLLER SK8ER

CLUB: ATHLETIC CLUB

RAREZA: SELECTA

SERIE: 1

NÚMERO DE PERSONAJE: 1-020

DATO MOLÓN: ¡Roller Sk8er es toda una skater, pero no una hater! Está convencida de que si la gente discutiera menos el mundo iría sobre ruedas.

Solución: Un sol de casa.

¡PAZ Y BUEN ROLLO!

TENGO

QUIERO

LIL ROLLER SK8ER

CLUB: ATHLETIC CLUB

RAREZA: ❤ ULTRA RARA

SERIE: 1

NÚMERO DE PERSONAJE: 1-021

DATO MOLÓN: ¡Lil Roller Sk8er aprendió a patinar antes que a gatear!

A Lil Roller Sk8er le encanta donde vive, por eso la describe así.

ATHLETIC CLUB

REINA DE LA PISTA

1ª

TENGO

QUIERO

ICE SK8ER

CLUB: ATHLETIC CLUB

RAREZA: SELECTA

SERIE: 2

NÚMERO DE PERSONAJE: 2-011

DATO MOLÓN: ¡Cuando cruza la pista de hielo, queda claro como el cristal que Ice Sk8er no tiene nada de fría!

Solución: Campeona de bandera.

TENGO

QUIERO

LIL ICE SK8ER

CLUB: ATHLETIC CLUB

RAREZA: SELECTA

SERIE: 2

NÚMERO DE PERSONAJE: 2-053

DATO MOLÓN: Ice Sk8er y su hermana Lil Ice Sk8er son perfectas para patinar en pareja.

Esto es Ice Sk8er después de haber ganado un montón de torneos.

ATHLETIC CLUB

TENGO

QUIERO

KICKS

CLUB: ATHLETIC CLUB

RAREZA: POPULAR

SERIE: 2

NÚMERO DE PERSONAJE: 2-012

DATO MOLÓN: Kicks vive para el fútbol. Siempre está en el campo entrenando y jugando. ¿Te apuntas?

Solución: La pelota a las estrellas.

TENGO

QUIERO

LIL KICKS

CLUB: ATHLETIC CLUB

RAREZA: POPULAR

SERIE: 2

NÚMERO DE PERSONAJE: 2-054

DATO MOLÓN: Lil Kicks aprende como nadie los trucos que le enseña su hermana mayor. ¡Es toda una pequeña profesional!

Si un chut de Kicks pasa por encima de la portería, se dice que manda...

OPPOSITES CLUB

VESTIDA PARA TRIUNFAR

TENGO

QUIERO

FANCY

CLUB: OPPOSITES CLUB

RAREZA: POPULAR

SERIE: 1

NÚMERO DE PERSONAJE: 1-005

DATO MOLÓN: A esta chica tan mona le gustan los brillos y las joyas, pero su amiga Fresh es todo lo contrario. Las dos se alegran de sus diferencias: ¡los opuestos se atraen!

Solución: Muy dulce y en taza.

TENGO

QUIERO

LIL FANCY

CLUB: OPPOSITES CLUB

RAREZA: POPULAR

SERIE: 2

NÚMERO DE PERSONAJE: 2-046

DATO MOLÓN: A Lil Fancy le encanta que su hermana mayor se lo enseñe todo sobre la moda.

Así es como le gusta el té a Fancy. ¡Nada de amargo y en vaso!

OPPOSITES CLUB

SI NO MOLA, UNSUBSCRIBE.

TENGO

QUIERO

FRESH

CLUB: OPPOSITES CLUB

RAREZA: POPULAR

SERIE: 1

NÚMERO DE PERSONAJE: 1-006

DATO MOLÓN: El estilo supercasual de Fresh no puede ser más diferente al de su amiga, pero están convencidas de que lo que las hace distintas las hace especiales.

Solución: Los opuestos se atraen.

TENGO

QUIERO

LIL FRESH

CLUB: **OPPOSITES CLUB**

RAREZA: POPULAR

SERIE: 2

NÚMERO DE PERSONAJE: **2-045**

DATO MOLÓN: Lil Fresh ha sido tranquila desde que nació. Le gusta ir de tranqui tanto como a su hermana mayor.

El dicho perfecto para el Opposites Club.

OPPOSITES CLUB

¡DULCES SUEÑOS!

TENGO

QUIERO

SUGAR

CLUB: Opposites Club

RAREZA: ✦SELECTA

SERIE: 2

NÚMERO DE PERSONAJE: 2-006

DATO MOLÓN: Sugar es puro equilibrio, la mezcla perfecta de dulzura e ingenio. Le encanta salir con su temperamental amiga Spice.

Solución: Dulce corazón.

TENGO

QUIERO

LIL SUGAR

CLUB: OPPOSITES CLUB

RAREZA: ❤ ULTRA RARA

SERIE: 2

NÚMERO DE PERSONAJE: 2-047

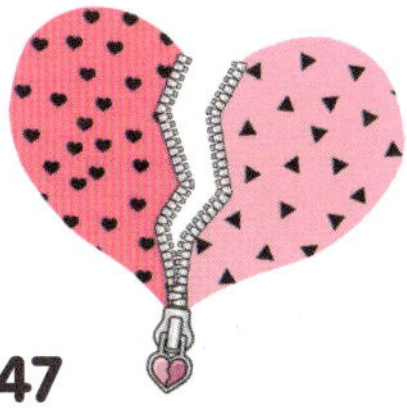

DATO MOLÓN: Gracias a su hermana, Lil Sugar aprende a ver el lado bueno de todos.

Esto es lo que tienen tanto Sugar como su hermana pequeña.

OPPOSITES CLUB

¡EXTRA PICANTE!

TENGO

QUIERO

SPICE

CLUB: OPPOSITES CLUB

RAREZA: POPULAR

SERIE: 2

NÚMERO DE PERSONAJE: 2-007

DATO MOLÓN: Spice es divertida, ruidosa y totalmente única. Su estilo provocador tiene un punto de dulzura gracias a su BFF, Sugar.

Solución: Una suerte diabólica.

TENGO

QUIERO

LIL SPICE

CLUB: OPPOSITES CLUB

RAREZA: ❤ ULTRA RARA

SERIE: 2

NÚMERO DE PERSONAJE: 2-048

DATO MOLÓN: Spice le insiste a su Lil Sister que siempre diga lo que piensa.

Es lo que tiene Spice por haber conocido a sus amigas del Opposites Club.

COSPLAY CLUB

COLOR PASTEL, EL MÁS DULCE.

TENGO

QUIERO

BON BON

CLUB: COSPLAY CLUB

RAREZA: SELECTA

SERIE: 2

NÚMERO DE PERSONAJE: 2-021

DATO MOLÓN: Vestida de los pies a la cabeza en tonos pastel, esta monada está siempre preciosa. Para Bon Bon y el Cosplay Club, cada día es una fiesta de disfraces.

Solución: Dulce y más dulce.

TENGO

QUIERO

LIL BON BON

CLUB: COSPLAY CLUB

RAREZA: ✦SELECTA

SERIE: 2

NÚMERO DE PERSONAJE: 2-071

DATO MOLÓN: Lil Bon Bon sabe muy bien que el cosplay es vestir lo que más te gusta.

Este mensaje es la explicación perfecta del estilo y carácter de Bon Bon.

COSPLAY CLUB

TEE-HEE!

TENGO

QUIERO

FANIME

CLUB: COSPLAY CLUB

RAREZA: POPULAR

SERIE: 2

NÚMERO DE PERSONAJE: 2-022

DATO MOLÓN: Fanime es la fan total. Cree que puedes ser quien quieras, ¡incluso tu personaje favorito!

Solución: Fangirl.

TENGO

QUIERO

LIL FANIME

CLUB: COSPLAY CLUB

RAREZA: POPULAR

SERIE: 2

NÚMERO DE PERSONAJE: 2-069

DATO MOLÓN: Kawaii es «guay» en japonés, ¡y Lil Fanime es la más guay!

¿Eres fan del fanime? Entonces eres toda una...

COSPLAY CLUB

¡LO QUIERO TODO!

TENGO

QUIERO

NEON Q.T.

CLUB: COSPLAY CLUB

RAREZA: POPULAR

SERIE: 2

NÚMERO DE PERSONAJE: 2-023

DATO MOLÓN: Neon Q.T. siempre destaca en todas partes con su estilo Decora. ¡Todo brillante, atrevido y un poco pasado de rosca!

Solución: Control freak.

TENGO

QUIERO

LIL NEON Q.T.

CLUB: COSPLAY CLUB

RAREZA: POPULAR

SERIE: 2

NÚMERO DE PERSONAJE: 2-068

DATO MOLÓN: Lil Neon Q.T. brilla como nunca cuando viste como más le gusta.

A las chicas cosplay les gusta ir a su aire. Este es el tipo de personas que prefieren no encontrarse.

COSPLAY CLUB

EL NEGRO ES EL NUEVO NEGRO.

TENGO

QUIERO

MIDNIGHT

CLUB: **COSPLAY CLUB**

RAREZA: POPULAR

SERIE: 2

NÚMERO DE PERSONAJE: 2-024

DATO MOLÓN: Esta rebelde se inspira en la magia del cielo nocturno. Para Midnight, el negro siempre se lleva.

Solución: «Furgo-notas».

TENGO

QUIERO

LIL MIDNIGHT

CLUB: COSPLAY CLUB

RAREZA: POPULAR

SERIE: 2

NÚMERO DE PERSONAJE: 2-070

DATO MOLÓN: Lil Midnight ha aprendido de su hermana mayor que no hay que tener miedo a la oscuridad.

Adivinanza: ¿Cómo llamarías a una furgoneta muy musical?

HIP HOP CLUB

¡CÚRRATELO, BABY!

TENGO

QUIERO

D.J.

CLUB: HIP HOP CLUB

RAREZA: SELECTA

SERIE: 2

NÚMERO DE PERSONAJE: 2-017

DATO MOLÓN: D.J. es una gran mixmaster. En el **Hip Hop Club** saben que siempre tiene los ritmos más frescos.

Solución: Enfermas de ritmo.

TENGO

QUIERO

LIL D.J.

CLUB: HIP HOP CLUB

RAREZA: SELECTA

SERIE: 2

NÚMERO DE PERSONAJE: 2-064

DATO MOLÓN: En vez de nanas, Lil D.J. necesita buenos ritmos antes de dormir.

¡A los miembros del Hip Hop Club siempre les llaman esto!

HIP HOP CLUB

¡MI ESTILO ROMPE!

TENGO

QUIERO

SHORTY

CLUB: HIP HOP CLUB

RAREZA: POPULAR

SERIE: 2

NÚMERO DE PERSONAJE: 2-018

DATO MOLÓN: ¡Shorty es la reina del breakdance! ¡Tendrías que verla en la pista, bailando los ritmos que pincha D.J.!

Solución: Breakdance.

TENGO

QUIERO

LIL SHORTY

CLUB: HIP HOP CLUB

RAREZA: POPULAR

SERIE: 2

NÚMERO DE PERSONAJE: 2-065

DATO MOLÓN: Al igual que su hermana, Lil Shorty sabe moverse genial en la pista.

Shorty y Lil Shorty saben bailar todos los ritmos, y este es uno de sus preferidos.

HIP HOP CLUB

¡QUÉ MOÑO MÁS MONO!

TENGO

QUIERO

HONEY BUN

CLUB: HIP HOP CLUB

RAREZA: POPULAR

SERIE: 2

NÚMERO DE PERSONAJE: 2-019

DATO MOLÓN: Honey Bun siempre lleva el moño perfecto, igual que su amistad por sus amigas. Le gusta animar a las chicas del Hip Hop Club a expresar sus sentimientos.

Solución: ¡No gano para sustos!

TENGO

QUIERO

LIL HONEY BUN

CLUB: HIP HOP CLUB

RAREZA: POPULAR

SERIE: 2

NÚMERO DE PERSONAJE: 2-067

DATO MOLÓN: ¡Lil Honey Bun siempre tiene tiempo para abrazos!

Cuando se lleva una mala sorpresa, Honey Bun ríe y dice...

HIP HOP CLUB

¡MÚSICA PARA MIS OÍDOS!

TENGO

QUIERO

BEATS

CLUB: HIP HOP CLUB

RAREZA: SELECTA

SERIE: 2

NÚMERO DE PERSONAJE: 2-020

DATO MOLÓN: Pocas veces verás a Beats sin sus auriculares. ¡Le gusta vivir su vida con banda sonora!

Solución: Para la fiesta siempre hay tiempo.

¡MENOS SIESTA, MÁS FIESTA!

TENGO

QUIERO

LIL BEATS

CLUB: HIP HOP CLUB

RAREZA: SELECTA

SERIE: 2

NÚMERO DE PERSONAJE: 2-066

DATO MOLÓN: ¡De siestas nada! A Lil Beats le gusta quedarse hasta tarde escuchando música.

Esto piensan Beats y su hermana:
«¡Para la ____ siempre hay ____!».

CHILL OUT CLUB

¡POR ENCIMA DE TODO, CANELA!

TENGO

QUIERO

COZY BABE

CLUB: CHILL OUT CLUB

RAREZA: ★ RARA

SERIE: 2

NÚMERO DE PERSONAJE: 2-029

DATO MOLÓN: El invierno es la estación preferida de Cozy Babe. ¡Bebidas calientes, jerséis, nieve! ¡Es lo más adorable!

Solución: Ángel de nieve.

LIL COZY BABE

TENGO

QUIERO

CLUB: CHILL OUT CLUB

RAREZA: POPULAR

SERIE: 2

NÚMERO DE PERSONAJE: 2-076

DATO MOLÓN: A Lil Cozy Babe le encanta hacerse un ovillo para estar bien calentita.

A Cozy Babe le encanta hacerlos.

CHILL OUT CLUB

¡BRRR! ¿HACE FRÍO O QUÉ?

TENGO

QUIERO

SNOW ANGEL

CLUB: CHILL OUT CLUB

RAREZA: SELECTA

SERIE: 2

NÚMERO DE PERSONAJE: 2-030

DATO MOLÓN: Por mucho frío que haga, Snow Angel siempre encuentra la forma de ir a la moda. ¡Sus amigas se quedan heladas!

Solución: Frío en las orejas.

TENGO

QUIERO

LIL SNOW ANGEL

CLUB: CHILL OUT CLUB

RAREZA: SELECTA

SERIE: 2

NÚMERO DE PERSONAJE: 2-077

DATO MOLÓN: A Lil Snow Angel le encanta salir a jugar cuando ha nevado. ¡Pero cuidado con que no te tire una bola de nieve!

Esto es lo que siente Snow Angel si un día se olvida de ponerse las orejeras.

CHILL OUT CLUB

¡ME DEJAS HELADA!

TENGO

QUIERO

BRRR B.B.

CLUB: CHILL OUT CLUB

RAREZA: POPULAR

SERIE: 2

NÚMERO DE PERSONAJE: 2-031

DATO MOLÓN: ¡Qué frío hace fuera! ¿Para qué salir? Brrr B.B. es feliz relajándose con sus amigas del Chill Out Club en cualquier lugar cómodo y calentito.

Solución: Sofá y patatas.

TENGO

QUIERO

LIL BRRR B.B.

CLUB: CHILL OUT CLUB

RAREZA: POPULAR

SERIE: 2

NÚMERO DE PERSONAJE: 2-078

DATO MOLÓN: ¡Lil Brrr B.B. necesita más abrazos muy calentitos, por favor!

Momento preferido de Lil Brrr. B.B.

CHILL OUT CLUB

NO ES LA ROPA, ES LA PERCHA.

TENGO

QUIERO

POSH

CLUB: CHILL OUT CLUB

RAREZA: POPULAR

SERIE: 2

NÚMERO DE PERSONAJE: 2-032

DATO MOLÓN: Esta chica es toda estilo: superelegante, supercómoda, supercalentita. ¡Hasta sus patines son lo más!

Solución: Vestida para brillar.

TENGO

QUIERO

LIL POSH

CLUB: CHILL OUT CLUB

RAREZA: POPULAR

SERIE: 2

NÚMERO DE PERSONAJE: 2-079

DATO MOLÓN: ¡Lil Posh sueña con el día en que pueda ponerse los patines de su hermana mayor!

Cuando Posh lleva su mejor conjunto en la pista de patinaje, va...

SPIRIT CLUB

SÍGUEME EL PASO.

TENGO

QUIERO

MAJORETTE

CLUB: SPIRIT CLUB

RAREZA: SELECTA

SERIE: 1

NÚMERO DE PERSONAJE: 1-007

DATO MOLÓN: Majorette es la reina de la banda del colegio, siempre dispuesta a guiar e inspirar a sus amigas del Spirit Club.

TENGO

QUIERO

LIL MAJORETTE

CLUB: SPIRIT CLUB

RAREZA: SELECTA

SERIE: 2

NÚMERO DE PERSONAJE: 2-043

DATO MOLÓN: ¡En unos pocos años más, Lil Majorette será una líder como ninguna!

Todas sus amigas piensan que Majorette es...

Solución: Brillante y dulce.

SPIRIT CLUB

EN CLASE CON CLASE

¿?

TENGO

QUIERO

TEACHER'S PET

CLUB: SPIRIT CLUB

RAREZA: POPULAR

SERIE: 1

NÚMERO DE PERSONAJE: 1-008

DATO MOLÓN: Teacher's Pet siempre tiene grandes ideas. Es superlista y vive para estudiar y aprender.

Solución: Brillante es-tela.

APRENDIENDO DESDE LA CUNA.

TENGO

QUIERO

LIL TEACHER'S PET

CLUB: SPIRIT CLUB

RAREZA: POPULAR

SERIE: 2

NÚMERO DE PERSONAJE: 2-044

DATO MOLÓN: ¡Lil Teacher's Pet ya es la niña más lista de toda la guardería!

Lo que más le gusta a Teacher's Pet cuando ve un cometa es que deja una…

SPIRIT CLUB

TENGO

QUIERO

CHEER CAPTAIN

CLUB: SPIRIT CLUB

RAREZA: POPULAR

SERIE: 1

NÚMERO DE PERSONAJE: 1-009

DATO MOLÓN: ¡S-P-I-R-I-T es el espíritu del C-L-U-B! Cheer Captain sabe que las amigas pueden conseguirlo todo si trabajan en equipo.

Solución: Los Casa-fantasmas.

TENGO

QUIERO

LIL CHEER CAPTAIN

CLUB: SPIRIT CLUB

RAREZA: ❤ ULTRA RARA

SERIE: 1

NÚMERO DE PERSONAJE: 1-010

DATO MOLÓN: ¡Tres hurras por Lil Cheer Captain! Esta Lil Sister es todo espíritu de equipo.

Este mensaje es casi el título de la peli favorita de Cheer Captain.

DANCE CLUB

¡HEY HO!

TENGO

QUIERO

LINE DANCER

CLUB: DANCE CLUB

RAREZA: POPULAR

SERIE: 1

NÚMERO DE PERSONAJE: 1-022

DATO MOLÓN: ¿Qué tal, socia? Line Dancer es una reina de la música country. ¡Sus botas están hechas para bailar!

Solución: Hora de bailar.

TENGO

QUIERO

LIL LINE DANCER

CLUB: DANCE CLUB

RAREZA: POPULAR

SERIE: 2

NÚMERO DE PERSONAJE: 2-059

DATO MOLÓN: Esta belleza tan llena de ritmo es una vaquera de corazón.

El reloj siempre marca lo mismo para Line Dancer y sus amigas del club.

DANCE CLUB

TENGO

QUIERO

SIS SWING

CLUB: DANCE CLUB

RAREZA: POPULAR

SERIE: 1

NÚMERO DE PERSONAJE: 1-023

DATO MOLÓN: ¡Sis Swing es una estrella de la pista! Paso (de baile) a paso (de baile), siempre llega a lo más alto en todos los concursos.

Solución: Baila como una reina.

TENGO

QUIERO

LIL SIS SWING

CLUB: DANCE CLUB

RAREZA: POPULAR

SERIE: 2

NÚMERO DE PERSONAJE: 2-058

DATO MOLÓN: Su hermana está enseñando a Lil Sis Swing a ser una diva de la pista.

Esto es lo que dicen de Sis Swing y su hermana quienes las ven en la pista.

DANCE CLUB

¡ME PONE LOS PIES DE PUNTA!

TENGO

QUIERO

CENTER STAGE

CLUB: DANCE CLUB

RAREZA: SELECTA

SERIE: 1

NÚMERO DE PERSONAJE: 1-024

DATO MOLÓN: Con su gracia, su estilo y su agilidad, esta bailarina sabe cómo hacer brillar el escenario.

Solución: Bailar gusta y no asusta.

TENGO

QUIERO

LIL CENTER STAGE

CLUB: DANCE CLUB

RAREZA: ❤ ULTRA RARA

SERIE: 1

NÚMERO DE PERSONAJE: 1-025

DATO MOLÓN: ¿Para qué gatear si puedes bailar? ¡Esta minifan prefiere los tutús a los pañales!

El dicho del Dance Club:
«¡_____ _____ y no _____!».

RETRO CLUB

¡NO CAMINES, BAILA!

TENGO

QUIERO

JITTERBUG

CLUB: RETRO CLUB

RAREZA: SELECTA

SERIE: 2

NÚMERO DE PERSONAJE: 2-033

DATO MOLÓN: Con su vestido a topitos y su peinado cincuentero, esta chica retro es todo corazón para lo vintage.

Solución: Vieja escuela.

¡TENGO SWING!

TENGO

QUIERO

LIL JITTERBUG

CLUB: RETRO CLUB

RAREZA: SELECTA

SERIE: 2

NÚMERO DE PERSONAJE: 2-080

DATO MOLÓN: Cada vez que hace la siesta, Lil Jitterbug sueña con bailar y bailar.

Unos lo llaman retro, otros vintage, otros...

RETRO CLUB

BOOGIE, BABY!

TENGO

QUIERO

CHERRY

CLUB: RETRO CLUB

RAREZA: POPULAR

SERIE: 2

NÚMERO DE PERSONAJE: 2-034

DATO MOLÓN: A esta belleza de la vieja escuela le va el vintage y los vinilos. Cherry es lo más dulce del mundo, junto a la tarta de cereza.

Solución: Dulce o ácida.

TENGO

QUIERO

LIL CHERRY

CLUB: RETRO CLUB

RAREZA: POPULAR

SERIE: 2

NÚMERO DE PERSONAJE: 2-082

DATO MOLÓN: Lil Cherry está aprendiendo de su hermana que lo clásico siempre mola.

Las cerezas pueden ser las dos cosas.
¿Tú cuál prefieres?

RETRO CLUB

¡REPITO PARVULARIO!

TENGO

QUIERO

PINK BABY

CLUB: RETRO CLUB

RAREZA: POPULAR

SERIE: 2

NÚMERO DE PERSONAJE: 2-035

DATO MOLÓN: Para Pink Baby, lo viejo es lo nuevo nuevo. ¡Casi nadie entiende qué quiere decir eso, pero debe ser bueno porque ella está siempre guapísima!

¡VIVA LA VIE EN ROSE!

TENGO

QUIERO

LIL PINK BABY

CLUB: RETRO CLUB

RAREZA: POPULAR

SERIE: 2

NÚMERO DE PERSONAJE: 2-081

DATO MOLÓN: A Lil Pink Baby le encanta el rosa: ¡chupete rosa, pañales rosas, todo rosa!

Si eres una chica retro seguro que te llaman esto.

Solución: Reina del cool.

RETRO CLUB

¡DÉJAME A MÍ!

TENGO

QUIERO

B.B. BOP

CLUB: RETRO CLUB

RAREZA: POPULAR

SERIE: 2

NÚMERO DE PERSONAJE: 2-036

DATO MOLÓN: B.B. Bop es muy independiente, y sabe que puede conseguirlo todo con solo creer en sí misma.

Solución: Hora de brillar.

¡YO TE AYUDO!

TENGO

QUIERO

LIL B.B. BOP

CLUB: RETRO CLUB

RAREZA: POPULAR

SERIE: 2

NÚMERO DE PERSONAJE: 2-083

DATO MOLÓN: Cuando sea mayor, Lil B.B. Bop quiere ser, sobre todo, libre e independiente.

¡Te toca salir a la pista! Ha llegado tu...

STORYBOOK CLUB

¡HACIENDO HISTORIA!

¿?

TENGO

QUIERO

CURIOUS Q.T.

CLUB: STORYBOOK CLUB

RAREZA: POPULAR

SERIE: 2

NÚMERO DE PERSONAJE: 2-025

DATO MOLÓN: El mundo entero es un parque de atracciones para Curious Q.T. Tanto que explorar y descubrir la hace más y más curiosa.

Solución: Para los libros siempre hay tiempo.

TENGO

QUIERO

LIL CURIOUS Q.T.

CLUB: STORYBOOK CLUB

RAREZA: POPULAR

SERIE: 2

NÚMERO DE PERSONAJE: 2-072

DATO MOLÓN: Esta Lil Sister no puede esperar a leer y vivir su primera gran aventura.

En el Storybook Club, para los ____ siempre hay ____.

STORYBOOK CLUB

PELIGRO:
ROMPECORAZONES

TENGO

QUIERO

HEARTBREAKER

CLUB: STORYBOOK CLUB

RAREZA: POPULAR

SERIE: 2

NÚMERO DE PERSONAJE: 2-026

DATO MOLÓN: A esta rebelde le encanta romper corazones: siempre va de punta en blanco como una princesa.

Solución: Reina de corazones.

UNA ROSA ES UNA ROSA.

TENGO

QUIERO

LIL HEARTBREAKER

CLUB: STORYBOOK CLUB

RAREZA: POPULAR

SERIE: 2

NÚMERO DE PERSONAJE: 2-073

DATO MOLÓN: ¡Lil Heartbreaker ya tiene mucho carácter, pero es encantadora!

Heartbreaker no es la reina de diamantes, ni de trébol ni de picas: es la...

STORYBOOK CLUB

SALTARSE LAS REGLAS TAMBIÉN ES DEPORTE.

TENGO

QUIERO

HOPS

CLUB: STORYBOOK CLUB

RAREZA: SELECTA

SERIE: 2

NÚMERO DE PERSONAJE: 2-027

DATO MOLÓN: Hops se parece demasiado al conejito de Alicia: tiene mucho que decir pero siempre llega tarde.

Solución: ¿Te diviertes?

SIEMPRE TARDE

TENGO

QUIERO

LIL HOPS

CLUB: STORYBOOK CLUB

RAREZA: ✦SELECTA

SERIE: 2

NÚMERO DE PERSONAJE: 2-074

DATO MOLÓN: ¡Vaya, Lil Hops vuelve a llegar tarde! Nunca se pone el despertador para la siesta.

En las fiestas del club es lo primero que te preguntan.

STORYBOOK CLUB

TENGO

QUIERO

TROUBLEMAKER

CLUB: STORYBOOK CLUB

RAREZA: POPULAR

SERIE: 2

NÚMERO DE PERSONAJE: 2-028

DATO MOLÓN: Troublemaker es muy revoltosa: lo suyo son los juegos, los chistes y alguna que otra gamberrada.

Solución: En la escuela no hagas el payaso.

TENGO

QUIERO

LIL TROUBLEMAKER

CLUB: STORYBOOK CLUB

RAREZA: POPULAR

SERIE: 2

NÚMERO DE PERSONAJE: 2-075

DATO MOLÓN: A Lil Troublemaker le encanta ir con su hermana y jugar con ella todo el día.

A Lil Sister se lo dicen siempre: «En la ____ no hagas el ____».

24K GOLD CLUB

TENGO UN CORAZÓN DE ORO PURO.

TENGO

QUIERO

LUXE

CLUB: 24K Gold Club

RAREZA: ❤ ULTRA RARA

SERIE: 2

NÚMERO DE PERSONAJE: 2-005

DATO MOLÓN: Con su pelo brillante y estrellas en los ojos, a Luxe le gusta todo lo que sea lujoso y exclusivo..

ÍNDICE

¿No encuentras tu pequeña rebelde preferida? Aquí están todas, junto a las páginas en las que aparecen.